마음
산수

조회

저는 사람의 마음을 '산수'라고 생각합니다.

마음에 공식이 있는 건 아니지만,
좋아하는 사람에게 마음을 주고(+)
때론 아픈 기억을 덜어 내고(−)
기쁨을 함께 나누고(÷)
사랑이 쌓여 마음이 배가되기도 해요.(×)

그렇게 우리는
수도 없이 더하고 빼고, 곱하고 나누며
서툰 계산을 반복해 갑니다.

때로는 예상과 다른 결과에 멈춰 서고,
조심스레 마음속 계산기를 두드리며
지난 시간을 되돌아보기도 하죠.

이 책은
그런 '마음의 산수'를 따라가 본
작은 기록입니다.

서로의 답을 찾아가는 과정이기도 해요.

숫자는 없지만, 감정은 가득한
저의 수식들을 담아 보았습니다.

오늘도 마음속 교실에 출석하여
산수로 이루어진 우리의 마음을
함께 차근차근 풀어 보아요.

수업 목록

1교시
+ 마음 더하기

7

2교시
− 마음 빼기

45

3교시
× 마음 곱하기

73

4교시
÷ 마음 나누기

121

1교시

＋
마음 더하기

작은 온기가 쌓여 만든 하루

사랑 공식

사랑 = (마음 + 마음) × 시간

사랑은 처음엔 조용히 시작된다.
서로의 마음이 천천히 더해지고,
그 마음들이 시간을 만나 자라난다.

덧셈처럼 하나씩 쌓이고,
곱셈처럼 배로 커져 가는 마음.
그건 어느 순간,
설명이 필요 없는 감정이 된다.

사랑은 공식을 닮았지만,
항상 똑같은 답이 나오진 않는다.
어떤 사랑은
곱셈보다 더 빠르게 커지다가
작은 오해 하나로 나눗셈이 되기도 하고,

또 어떤 사랑은
천천히, 아주 천천히 자라

나중에야 따뜻한 정답을 품는다.

사랑 = 서로의 마음에 천천히 물드는 일
사랑 = 함께 웃고, 때로는 함께 울어 보는 연습
사랑 = 정답보다 마음을 주고받는 과정

그래서 사랑은
풀리지 않아도 괜찮은 공식이다.
정답보다, 그 과정을 함께 걸어가는 사람이
더 중요하니까.

내 마음의 색깔

'내 맘 색깔은 옐로 옐로 옐로'
트레저의 'YELLOW'에 나오는 가사다.
그 노래를 들으면서 문득 생각했다.
내 마음은 무슨 색일까?

한 가지 색으로 정의되면 좋겠지만,
우리의 마음은 무지갯빛 같다.

두근두근 설레는 날엔 핑크빛이 감돌고,
마음이 뜨겁게 타오를 땐 빨간색.
상처 입고 아플 땐 짙은 보라색으로 물들고,
조용히 쉬고 싶은 날엔 초록색이 마음을 감싼다.

가끔은 아무 색도 느껴지지 않아
잿빛이 마음을 뒤덮을 때도 있고,
외롭고 허전한 날엔 파란색이 스며든다.

무언가 두렵고 불안한 날엔 회색으로 흐려지고,
감정이 너무 복잡할 땐 모든 색이 섞여 버린 듯,

혼란스러운 색이 되기도 한다.

반대로 아무 이유 없이 기분 좋은 날엔
상큼한 노란색이 온 마음을 환히 밝히기도 한다.

우리의 마음은 날마다 색을 바꾼다.
어떤 날은 선명하게, 어떤 날은 흐릿하게.
또 어떤 날은 여러 색이 뒤섞여
무슨 색인지조차 알 수 없을 때도 있다.

그래도 괜찮다.
그 모든 색이 모여 나라는 사람을 만들고,
오늘의 마음을 완성하니까.

오늘 내 마음의 색은 하늘색.
넓은 하늘처럼 자유롭고 싶은 마음,
조금은 텅 빈 것 같지만
그 안에 바람도, 햇살도 머무는
그런 여유로운 색.

삶을 불어 본다

햇살이 따뜻하게 번지던 어느 날,
공원 한쪽에서 아이가 비눗방울을 불고 있었다.
작고 둥근 방울들이 바람을 타고 흩날리며
하늘 위로 천천히, 조용히 떠오르고 있었다.

나는 그 모습을 한참 바라보다가
문득, 삶이라는 것도
참 비눗방울과 닮았다는 생각이 들었다.

삶도 처음엔 숨을 모아 불어 내는 것처럼
조심스럽게 시작된다.
너무 힘을 주면 깨져 버리고,
너무 맥없이 불면 만들어지지도 않는다.

딱 알맞은 온도와 속도,
균형 잡힌 마음이 있어야
하나의 삶, 하나의 순간이 만들어진다.

비눗방울은 공기 속으로 떠오르며

햇살을 머금고, 무지갯빛을 띤다.
그 안에는 투명한 슬픔, 희미한 기대,
잠깐 스치는 기쁨과 두려움,
지극히 작은 희망이 담겨 있는 듯하다.

살며시 손을 내밀면 닿을 듯하지만
닿는 순간 터져 버리는 것처럼,
삶의 많은 순간들도
붙잡는다고 해서 영원히 머무르지는 않는다.

사람들은 종종, 삶이 '거품 같다'고 말한다.
덧없고, 무의미하고, 금세 사라지는 것이라고.

정말 그럴까?
그렇다면 그 안에 담긴 웃음과 눈물은
결국 아무 의미 없는 거였을까?
나는 그렇게 생각하지 않는다.

거품 같아서 아름다운 것이다.

짧기 때문에 더 반짝이고,
덧없기에 더 소중한 것이다.

삶의 어떤 순간들은
아무리 애써도 다시 만들 수 없는
단 한 번의 빛나는 장면이 되기도 하니까.

어린 날의 꿈, 잊고 지낸 이름,
말하지 못했던 사랑, 불쑥 찾아온 이별,
그리고 오늘의 작은 기쁨까지…

그 모든 것들은
어쩌면 바람을 타고 잠시 머물다
우리 마음 어딘가에 닿아
고요히 부서지는
비눗방울 같은 것일지도 모른다.

나는 이제,
그 거품 같은 순간들을

무의미하다 말하지 않는다.
오히려 조심스럽게,
그 하나하나를 바라보며 살아가려 한다.
비록 사라질지라도,
그 안에 깃든 마음은 결코 사라지지 않으니까.

그렇게,
오늘도 조심스럽게
삶이라는 비눗방울을 불어 본다.

볶음밥은 필수

"한국인은 밥심이지!"
어릴 때부터 참 많이 들었던 말인데,
살다 보면 정말 그렇구나 싶다.
지치고 힘들 때, 속이 허할 때
결국 나를 살리는 건 따뜻한 밥 한 공기.

피곤해서 아무것도 하기 싫던 날,
밥 한 숟갈에 김치 얹어서 입에 넣으면
어느새 기운이 돌아온다.
밥은 그냥 음식이 아니라,
든든한 위로이자 힘이다.

나는 사실 빵보다 밥이 좋고,
밥보다도 면이랑 떡볶이를 더 좋아한다.
떡볶이의 매콤한 양념이 혀끝을 톡 쏘고,
라면은 국물까지 마셔야 진짜 다 먹은 것 같고,
쫄면은 새콤달콤한 그 맛이
하루 피로를 녹여 준다.

그래도 이상하게,
하루 종일 떡볶이만 먹거나 면만 먹고 나면
어딘가 허전한 기분이 든다.

그럴 땐 결국 밥을 찾게 된다.
밥은 위장을 채우는 걸 넘어서
마음을 안정시키는 힘이 있는 것 같다.

메인 메뉴가 곱창이든, 삼겹살이든,
고기를 배부르게 먹었어도
마지막에 꼭 밥을 볶아 먹어야
'아, 진짜 제대로 먹었다'는 기분이 든다.
그 한 숟갈이 마무리이자, 완성이다.

밥 없이 끝나면 뭔가 아쉬운 기분.
그만큼 밥은, 내게 있어
한 끼의 중심이자 마음의 중심 같다.

가끔은 배부른데도

"딱 한 숟갈만" 하며 또 먹게 된다.
사실 그건 배가 고파서가 아니라,
밥이 주는 심리적 안정감 때문인지도 모른다.

그리고 밥상 위에는
늘 함께 있는 사람이 떠오른다.
엄마가 해 주신 따끈한 된장국,
김치찌개에 흰밥 한 공기,
혹은 혼자서 끓여 먹는 간단한 라면이라도
'따뜻한 한 끼'에는
항상 온기와 마음이 들어 있다.

'한국인은 밥심'이라는 말엔,
몸도 마음도 든든하게 채우는 진심이 담겨 있다.

누군가는 고급 디저트로,
누군가는 샐러드 한 접시로 위안을 얻겠지만
나는 결국, 밥에서 위로를 찾는 사람이다.

그리고 오늘도 생각한다.
'내일은 뭘 먹을까?'
밥이든 면이든 떡볶이든,
나를 살아가게 하는 힘이니까.

너와 내가 담기는 소리

친구랑 만나면 꼭 사진을 찍는다.
함께 웃고, 걷고, 먹고,
이야기했던 그 모든 순간이
흘러가 버리기엔 너무 아까우니까.

언젠가 돌아봤을 때,
그 순간의 온도와 공기까지 떠올릴 수 있게.

어느 날은 친구들과
수다도 떨고, 맛있는 것도 먹고,
시간 가는 줄도 모르고 웃었는데
집에 돌아와 사진첩을 열어 보니
정작 음식 사진만 가득했던 적이 있었다.

그래서 약속했다.
다음엔, 우리의 모습도 사진 속에 남기자고.

시간이 꽤 흘렀음에도
우리는 여전히 그대로였다.

어제도 만난 것처럼
익숙하고, 편안하고, 즐거웠다.

맛있는 음식을 같이 나눠 먹으며
이야기꽃을 피웠다.
서로 살아온 시간을 천천히 꺼내어
마음속 깊이 품고 있던 이야기들도
조심스레 내보였다.

책을 선물하며 마음을 전하고,
함께 아는 이의 안부를 묻고,
문득 떠오른 지난날의 기억에
눈물이 맺히기도 했다.

울고 웃으며 마음을 나누다 보니
시간이 훌쩍 흘러,
매장마다 하나둘씩 불이 꺼지기 시작했다.

예전부터 함께 사진 찍는 걸 좋아했던 우리.

만나기 전부터 드레스 코드를 맞췄다.
예전엔 노란 미니언즈였다면
이번엔 진보라와 연보라,
보라돌이처럼 짝을 이뤘다.

숨 막히는 더위를 피해
소품 가득한 사진관으로 향했다.
머리띠도 쓰고, 안경도 끼고,
이것저것 바꿔 가며 셔터를 눌렀다.
웃음이 터지고, 장난이 섞여도
우리는 늘 진심이었다.

사진이 출력되는 그 짧은 순간에도
설렘은 계속되었고,
결과물엔 지금의 우리가 담겨 있었다.

서로를 바라보는 따뜻한 시선,
말로는 다 전할 수 없는
소중한 마음들이 담긴 한 장면.

다음에 만날 땐 또 어떤 추억을 담게 될까.

분명한 건,

우리의 시간은 늘

찰칵! 하고 남겨질 거라는 것.

시간 여행자

가끔은 내 마음이
시간 여행을 떠나는 것 같다.

지나간 장면들이 영화처럼 떠오르는 날엔
과거로 돌아가 본다.
사소한 말 한마디, 작은 표정 하나,
놓쳐 버린 계절의 온기까지
그때는 미처 알지 못했던 순간들이
이제야 소중하게 느껴진다.

그 시절의 나에게 가서 말을 건네고 싶다.
"괜찮아,
그 선택도 결국 너를 여기까지 데려왔어."
후회로 남은 날에도
조금은 따뜻한 의미를 붙여 주고 싶다.

그러다 또,
문득 내 마음은 미래로 향한다.
아직 오지 않은 날들을 상상하며

'어떻게 살고 있을까?'
'지금 이 선택이 어떤 내일을 만들까?'
묻곤 한다.

미래의 나는 어떤 표정으로 하루를 맞이할까.
여전히 글을 쓰고 있을까,
고양이 두 마리와 함께 살고 있을까,
어떤 일을 하고 있을까.
내가 좋아하는 일을 하고 있을까.

시간 여행은 단순한 회상이나 상상이 아니다.
과거에서 위로를 찾고,
미래에서 희망을 건져 오는 일.

그리고 결국
내가 딛고 있는 지금 이 순간을
조금 더 소중히 살게 만들어 준다.

잠이 오지 않는 밤

어느새 찾아온 고요한 밤,
창밖에는 별들이 조용히 반짝이고 있다.

하지만 내 마음은 잠들지 못하고
여전히 깨어서 이리저리 헤맨다.

오늘의 기억들이 머릿속을 떠돌고,
말하지 못한 이야기들이 마음 한 켠을 두드린다.

이 밤은 왜 이렇게 길고 깊기만 할까,
잠은 왜 내게 멀리 도망가 버린 걸까.

깜깜한 어둠 속에서 나 홀로
조용히 숨을 고르고 있지만,
마음은 그 어느 때보다 분주하다.

가만히 눈을 감으면
부서진 시간들이 파편처럼 흩어지고,
조용히 쌓인 하루의 무게가

숨결 사이로 묻어난다.

잠들지 못하는 이 밤은
아마도 내 마음이
조금 더 나를 들여다보고 싶어서인지도 모른다.

그동안 덮어 두었던 감정들,
감히 마주하지 못했던 두려움과 외로움,
그리고 작지만 소중했던 기쁨과 희망들이
조용히 내게 말을 건넨다.

그래서 이 밤은 길고도 깊다.
나는 그 속에서
나 자신과 천천히 대화를 나누고 있다.

"괜찮아"
"잘 하고 있어"
"앞으로도 잘 해낼 거야"

이 밤이 지나가면 다시 아침이 오고,
나는 조금 더 단단해져 있을 것이다.

잠 못 드는 밤,
그 안에 숨겨진 조용한 선물처럼,
나를 다독이고 위로하는 시간임을 알게 된다.

그래, 오늘은 잠이 오지 않아도 좋아.
그저 이 밤과 나란히 앉아
내 마음의 파도 소리를 듣고 있으니까.

그리고 긴 하루 끝에서
나에게 인사를 건네 본다.
"고생했어, 오늘도."

기억의 좌표

기억 속에 오래 남는 건
처음과 마지막이었다.

처음이란 언제나 설레고 떨린다.
용기 내어 말을 건넨 그 순간,
마음은 두근거리며 부드럽게 흔들렸다.
말 한마디가 어색해도,
그 한 걸음이 세상을 조금 더 넓게 만든다.

처음으로 배웠던 춤, 노래도 그렇다.
서툴고 서툰 몸짓과 음정 속에
희망과 꿈이 숨겨져 있었다.
반복하며 조금씩 다가가던 그 순간들은
작은 성공의 씨앗이었다.

글을 처음 쓸 때의 느낌 역시 비슷했다.
빈 페이지 앞에 선 나는
마음속 말들을 조심스레 꺼내어
종이 위에 내려놓았다.

글자 하나하나가 떨리고 조심스러웠지만,
그 모든 게 새로움과 가능성으로 빛났다.

그리고,
내 가슴 깊은 곳에
아직도 조용히 남아 있는 마지막.

하루를 떠나보내던 그날의 공기.
작은 몸이 이불 속에 잠들듯,
숨결은 천천히 사라졌고
나는 그 앞에서 아무 말도 할 수 없었다.

그날 이후로 하루는
기억 속의 고양이가 아니라
내 마음속을 살아가는 작은 별이 되었다.

처음은 늘 새로운 설렘으로 다가오고,
마지막은 언제나 익숙한 것들을 앗아 간다.
그래서 더 오래 기억되고, 더 깊게 남는다.

그 사이엔 수많은 계절이 있었고,
조금씩 변해 가는 나와,
변함없이 곁에 있어 준 존재들이 있었다.
기억나지 않는 날들 속에서도
분명히 함께 웃고, 울고,
사랑했던 순간들이 있었겠지.

나는 오늘도
그 처음을 가끔 떠올리고,
그 마지막을 가슴에 품은 채 살아간다.

그리고 그사이,
말없이 흐른 모든 시간들이
지금의 나를 만들고 있었다.

빛과 그림자

사람들은
보이지 않는 가면을 쓰고 다닌다.

보여지는 가면 속에 감춰진 진짜 모습.

밝게 웃는 그 얼굴 뒤에는
말하지 못한 고단함이 숨어 있고,
아무 일 없는 듯 보이는 눈빛 아래엔
지워지지 않는 슬픔이 흔들리고 있다.

드라마 속 인물들처럼,
순진해 보이는 얼굴 뒤에
차가운 계산과 어둠을 품은 사람도 있다.
호의를 베풀며 조심스레 다가와서는
어느 순간 본색을 드러내는 사람들.

생각만 해도 소름이지만,
그 안에는 착한 마음과 나쁜 마음이
공존하고 있기에 가능한 일일지도 모른다.

사람 마음은 단순히 선하거나
악한 것으로 나뉘지 않는다.
누구나 마음속엔
이해받지 못할 어둠 하나쯤은 품고 살아가고,
그 어둠을 부정하기보다 마주하는 일.

그게 어쩌면,
진짜 나를 알아 가는 첫걸음인지도 모른다.

또, 세상에 무서울 것 없는 듯
당당한 모습을 보이는 사람도 있다.
하지만 그 모습 뒤엔,
혼자 울고 있는 약한 마음이 숨어 있을지도.

그건 연기나 거짓이 아니다.
우리가 살아가기 위해
스스로 만들어 낸 작은 보호막 같은 것이다.
상처받지 않기 위해 웃는 얼굴을 띄우고,
무너지지 않기 위해 강한 척을 한다.

그렇게 우리는 조심스레 균형을 잡는다.
진짜 나와, 보여지는 나.
그사이의 어딘가에서
적당히 숨고, 적당히 드러내며
하루하루를 버텨 낸다.

때로는 그 모습들 사이에서
스스로도 내가 어떤 사람인지 헷갈릴 때가 있다.
하지만 나는 안다.
그 모든 순간이 결국 '나'라는 걸.

밝고 강한 나도, 어둡고 약한 나도,
또 솔직해서 그대로 비치는 나도
모두 나인 걸.

그런가 하면, 어떤 사람은
마음이 그대로 얼굴에 드러나기도 한다.

기쁘면 웃고, 속상하면 금세 표정이 어두워지고,

사랑하면 그 눈빛부터 먼저 달라지는 사람.
가식 없이 투명하게,
그 마음이 얼굴이라는 창을 통해
다 보이는 사람.

그런 사람은 거짓이 없어 따뜻하지만,
때로는 세상 앞에서
상처받기 쉬운 마음을 지닌다.
감정이 고스란히 드러나기에,
스스로를 숨기고 보호하기가 더 어렵다.

그리고 그 모든 면을 지닌 나를
그저 있는 그대로 받아 줄 누군가가 있다면,
비로소 나는
숨기지 않아도 되는 사람이 될 수 있을 것이다.

뮤지컬 〈모차르트〉의 넘버,
〈나는 나는 음악〉에 이런 가사가 있다.
"있는 그대로의 내 모습, 날 사랑해 줘."

자신을 이해해 주지 않는 아버지에
상심한 모차르트가 자신의 있는 그대로의 모습을 사랑해 주길
바라며 부르는 노래라고 한다.

누군가 나를
있는 그대로 사랑해 준다면 좋겠지만…
그보다 먼저,
스스로를 그렇게 바라볼 수 있는 날이 온다면
그게 진짜 나로 살아가는 시작일 것이다.

아직 못다 핀 꽃

사람마다 각기 다른 재능이 있다.
누군가는 춤을 추고, 누군가는 노래를 부르며,
또 다른 누군가는 악기를 능숙하게 다룬다.

그 속에서 나의 재능은 무엇일까?
내가 잘하는 건 뭘까?

"와!" 감탄이 절로 나올 만큼은 아닐지라도,
나는 글을 쓰는 데에
조금은 재능이 있는 것 같다.

아직 완전히 피어나지 않은 꽃처럼,
나의 꿈도 미완성이다.

때로는 글이 마음처럼 잘 써지지 않아
답답한 날도 있고,
내 안에서 무언가가 멈춘 듯한 순간도 찾아온다.

하지만 언젠가,

더 깊이 숙성시키고 다듬어
더 많은 이야기를 담아내고 싶다.

그날이 오면,
내 글은 누군가의 삶을 지키는 힘으로
희망과 위로를 품게 되겠지.

아직 못다 핀 꽃이지만
그 싹을 틔우는 그 과정 자체가
내게는 소중한 여정이다.

그리고 그 과정 속에서 나는 배운다.
재능은 누군가에게
선물로 주어진 완성품이 아니라,
꾸준히 가꾸고 돌봐야 피어나는 것임을.

나는 오늘도
내 안의 작은 씨앗을 믿으며
천천히 걸어간다.

언젠가 피어날 그 꽃을 기대하며,
그날까지 부드럽고도 단단하게
나를 키워 가려 한다.

순수한 빛

사람은 누구나 마음 깊은 곳에
해맑음을 품고 산다.

그건 눈에 보이지 않지만,
어느 날 문득
작은 순간에 피어나는 빛처럼
불쑥 얼굴을 내민다.

누군가의 다정한 말 한마디에,
맑은 하늘 아래 피어오르는 하얀 구름을 볼 때,
햇살에 반짝이는 잎사귀에 눈길이 머물 때,
그 조용한 틈 사이로
내 안의 해맑음이 고개를 든다.

그것은 어릴 적 웃음처럼
조금도 계산되지 않은 마음이고,
그저 좋아서 웃고,
좋아서 마음이 가는 감정이다.

오랜 시간 동안
세상을 배우고 어른이 되면서
우리는 때때로 그 마음을 잊는다.
상처받을까 조심하게 되고,
사람들 사이에서 해맑음을 숨긴다.

하지만 그 해맑음은 사라지지 않는다.
다만 깊숙이 자리 잡고
조용히 우리를 기다리고 있을 뿐이다.

어느 날 불현듯 찾아오는 따뜻한 기억처럼,
가슴 한쪽이 말랑해지는 순간,
우리는 스스로도 몰랐던 해맑음을 마주한다.

그건 누군가를 미워하지 않고,
세상을 아직 조금은 믿고 싶은 마음.
사소한 일에도 웃고,
순간의 기쁨을 있는 그대로
느낄 수 있는 마음이다.

어쩌면
그 해맑음은 우리가 지켜야 할
가장 본질적인 '나'일지도 모른다.

바람이 불고, 마음이 흔들려도
그 해맑음이 있기에
우리는 다시 따뜻해지고,
누군가에게 미소 지을 수 있다.

우리 마음 깊은 곳엔
언제나 빛나는 무언가가 있다.
쉽게 닳거나 바래지 않는,
어린아이 같은 해맑음 하나쯤은
아직도 고요히 숨 쉬고 있다.

그리고 언젠가,
그 마음을 꺼내어 세상을 바라본다면
우리는 조금 더 다정한 하루를
살아갈 수 있을 것이다.

2교시

마음 빼기

비워 내야 보이는 마음의 그림자

이별 공식

이별 = (추억 × 시간) ÷ 영원

다신 볼 수 없는 이별은
끝없는 시간 속에
남겨진 추억을 무겁게 짓누른다.

추억은 곱셈처럼
아름다웠던 순간들을 몇 배로 키우지만,
영원이란 나누기 기호는
그 모든 시간을 무한히 멀어지게 만든다.

마음은 서서히 비어 가고,
눈물은 덧셈으로 쌓여 가며,
마지막 인사를 건넨 순간부터
끝없는 공백이 시작된다.

다신 볼 수 없기에,
그리움은 공식 속에서
계산 불가능한 미지수로 남는다.

하지만 영원한 이별은
그리움이라는 빛을 남긴다.

그 빛이 깜빡이는 한,
내 가슴 깊은 곳에서
사랑이 여전히 살아 숨 쉬고 있다.

이별 공식은 냉정하지만,
그 안에 담긴 사랑은 따뜻하다.
마지막 인사를 감당하는
가장 깊고도 아픈 산수다.

- 마음 빼기

잃는다는 건

잃는다는 건,
돌아올 수 없는 이름을
여전히 마음에 담게 되는 일이다.

잊으려는 게 아니라, 잊을 수 없어서.
지워지는 게 아니라, 끝까지 남아서.

반려묘 하루를 떠나보내고 알게 됐다.
작은 생명이 남긴 흔적이
이토록 오래, 깊게,
마음을 흔들 수 있다는 걸.

영원한 행복을 꿈꾸던 시간 속에서
슬픔은 예고 없이 들이닥쳤고,
나는 아무런 준비도 없이
그 자리에 홀로 남겨졌다.

누군가는 말한다.
시간이 지나면 괜찮아질 거라고.

하지만 가족을 잃은 슬픔은
그 어떤 말로도 채워지지 않았다.

세월이 흘러도 괜찮아지지 않는다.
다만 익숙해질 뿐이다.
빈자리를 안고 살아가는 일에,
조금씩 적응해 갈 뿐이다.

그 조용한 울음소리,
잠든 내 옆을 지켜 주던 따뜻한 체온,
당연했던 그 모든 순간들이
이젠 생생한 꿈처럼 느껴진다.

밥 달라며 "냐옹" 하던 그 모습,
그 소리가 아직도 들리는 것 같지만
돌아보면, 그 자리는 텅 비어 있다.

잃는다는 건,
더는 곁에 없다는 걸

날마다 새로이 받아들이는 일이다.
그리고 그럼에도 불구하고
살아 내는 일이다.

마치, 캔디처럼

쉬는 날, 집에만 틀어박혀 있다가
뭔가 좀 달라지고 싶어서 밖으로 나선다.
괜히 번화가를 걷거나,
강바람 쐬러 한강 근처에 가 보기도 한다.

그런데, 어딜 가든 둘씩 짝지어 다닌다.
친구든 연인이든 유독 남녀가 많아 보이고
손을 잡거나, 서로를 바라보며 웃는 모습들이
자연스레 시야에 들어왔다.
애정 표현하는 커플들도 눈에 띄었다.

그런 모습을 볼 때마다
"괜찮아, 난 외롭지 않아."
"혼자가 더 편한걸."
내 마음에게 그렇게 되라며 얘기한다.
마치 스스로를 세뇌하듯이.

그러자 어디선가,
익숙한 주제가가 들려오는 듯하다.

- 마음 빼기

'외로워도 슬퍼도 나는 안 울어
참고 참고 또 참지 울긴 왜 울어'

잠시, 내가 '들장미 소녀 캔디'가 된 듯한 기분.
그러다 괜히 더 울적해질 것 같아서
재빨리 현실로 돌아왔다.

주변을 둘러보니,
혼자 여유를 즐기는 사람들도 꽤 있었다.
혼자 있는 시간도 나쁘지 않지만,
가끔은 누군가와 함께였으면 좋겠다고
느끼는 날이 있다.

괜찮다고 말하면서도
사실은 마음 한구석이 시린, 그런 날.

그렇게 오늘도
스스로를 다독이며 집으로 돌아간다.

누군가와 함께하는 시간이
언젠간 내게도 오겠지…
그런 희망 하나를 품은 채.

- 마음 빼기

제자리걸음

앞으로 나아가고 싶었다.
하루라도 빨리,
조금이라도 더 멀리.

하지만 어느 순간,
나는 제자리에서 한참을 맴돌고 있었다.
발은 분명 움직이고 있었지만
어딘가에 닿지 못한 채,
마음만 헛돌고 있는 기분.

다른 사람들은 경쾌하게 걸음을 옮기고,
저만치 앞서 나아가는 것 같은데
나는 왜 여기서 이토록 오래 머무는 걸까.
내가 틀린 걸까, 아니면 너무 느린 걸까.

괜찮다고 말해 주고 싶었지만,
스스로에게조차 확신이 없었다.
애써 흘린 땀도, 버텨 낸 눈물도,
이렇게 멈춘 채 잊혀지는 것만 같았다.

속상했다.
좋아하는 일인데도,
잘하고 싶다는 마음이 더 클수록
결과는 자꾸 멀게만 느껴졌다.
누군가에겐 쉬워 보이는 일들이
왜 나는 이토록 힘들게 느껴질까.
그 생각만으로도 마음이 자꾸 작아졌다.

하지만 가만히 생각해 보면,
제자리걸음도 걸음이었다.
멈추지 않았다는 뜻이고,
넘어지지 않았다는 증거니까.

보이지 않는 작은 변화들이
내 안에서 천천히 자라고 있을지도 모른다.
지금 당장 보이지 않는다고
아무것도 아니라고 말할 순 없다.

언젠가 마음이 준비되면

- 마음 빼기

지금 내가 딛고 있는 이 자리에서
또 한 걸음, 나아갈 수 있을지도 모른다.
아니, 반드시 나아갈 것이다.
천천히, 나만의 속도로.

지금은 조금 느릴 뿐,
나는 멈춘 게 아니다.
나는, 걷고 있다.
나만의 방식으로.

내 마음 따라

가끔은
내가 정말 잘하고 싶은 일이 있어도
마음처럼 되지 않을 때가 있다.

그럴 때마다
내 안에 조용히 찾아오는 속상함.
"왜 나는 이렇게 서툴까?"
"왜 내 마음은 늘 내 뜻대로 움직이지 않을까?"
스스로에게 다정하지 못한 말들이
차곡차곡 쌓여 마음을 무겁게 한다.

하지만 그런 나를 바라본다.
겉으로는 괜찮은 척해도,
속으로는 흔들리고, 지치고,
때론 나조차도
이해하기 어려운 마음들이 있다는 걸.

내가 원하는 것과 현실 사이의 간극은
때로 너무 멀고 깊어

- 마음 빼기

나는 그 틈에 넘어지곤 한다.

그럴 때,
나는 숨을 깊게 들이쉬고
속상한 나를 꼭 안아 준다.

억지로 참지 않아도 된다.
조금 서툴러도 괜찮다.
그대로의 나를 다독이는 것만으로도
나는 다시 일어설 힘을 얻는다.

내가 내 편이 되어 주지 않는다면
누가 내 마음의 파도에 함께 있어 줄까.

그래서 나는 오늘도
속상한 마음을 조용히 달래며 말한다.
"괜찮아, 조금씩 걸어가자."
"네가 지금 있는 자리에서, 천천히."

넘어지고 흔들려도,
그 모든 순간이 나를 더욱 단단하게
빛나게 만들어 줄 거라고 믿는다.

마음처럼 안 되는 일들조차
내 안에 새겨진 노력의 흔적임을,
나는 언젠가 알게 될 거라 믿는다.

그리고 그 속상한 마음도
결국 나를 앞으로 이끌어 줄 따스한 바람임을.

- 마음 빼기

마음보다 먼저 도착한 말

말은 마음에서 시작된다.
어떤 날은 조심스레,
또 어떤 날은 무심코 흘러나온다.

그리고 어느 순간,
그 말은 내 손을 떠나
다른 이의 해석 속에서 살아가게 된다.

처음엔 분명 진심이었는데,
전해지는 과정에서 말이 부풀기도 하고,
가끔은 아예 다른 의미로 바뀌기도 한다.
마치 투명하던 물이 탁해지는 것처럼,
그 말 속의 마음도 흐려지고 만다.

사실, 말이라는 건
단어만으로 이루어지지 않는다.
그 사람의 표정과 말투,
눈빛 같은 것들이 함께 따라온다.

같은 말이라도 어떻게 말하느냐에 따라,
전혀 다른 의미로 들리기도 하니까.

누군가는 그 말에 상처를 받고,
또 누군가는 그런 뜻이 아니었다며
서로의 마음을 제대로 헤아리지 못한 채
엇갈리고 만다.

말이란 건,
상대가 어떻게 받아들이느냐에 따라
전혀 다른 무게를 갖게 되는 것인지도 모른다.

말보다 의도가 중요하다고 하지만,
세상은 종종 말만을 남긴 채
그 속의 마음은 놓쳐 버린다.
그래서 말을 아끼게 되고
때로는 침묵을 선택하게 된다.

하지만 말하지 않으면 마음은 더 깊이 오해되고,

- 마음 빼기

말을 꺼내면 또다시 왜곡될까 두렵다.
그렇게 우리는
말과 마음 사이에서 늘 망설인다.

그저, 있는 그대로 전해지는 말 한마디가
얼마나 귀한 건지 뒤늦게서야 깨닫게 된다.

아무것도 덧붙지 않은 말,
조금도 줄어들지 않은 마음.

그게 얼마나 어려운 일인지,
그래서 말이 얼마나 조심스러운 도구인지
우리는 살아가며 천천히 배워 간다.

증상 놀이

몸이 조금이라도 이상해지면
자연스레 손이 가는 곳,
그곳엔 수많은 증상들이 빼곡히 적혀 있다.

내가 느끼는 불편함과
그 증상들 사이 닮은 점을 찾다 보면
머릿속은 어느새 복잡해진다.

"혹시 이 병일까?"
불안과 걱정이 뒤섞여 건강 염려증이 온 듯
나도 모르게 더 깊게 빠져든다.

거기서 헤어 나오려면
병원에 가서 확인하는 것뿐.
결국 "별 이상 없습니다."라는 말을 듣고
마음은 놓였지만,
왠지 모를 허무함도 함께 들었다.

내가 며칠간 끌어안았던 그 불안이

아무 일도 아니었다는 사실에
마음 한 켠이 텅 비는 것 같다.

괜찮아졌다는 안도감보다
괜찮지 않을까 봐 두려워했던 나를
그 누구도 알아주지 못했다는 외로움이
더 오래 남는다.

사실 진짜 아팠던 건,
몸이 아니라 마음이었던 건지도 모른다.

마음 깊은 곳에서
"나는 지금 괜찮지 않다"고
조용히 신호를 보내고 있었는데
나는 그 소리를 외면한 채
숫자와 진단 속에서
답을 찾으려 했던 건 아닐까.

인터넷 속 증상들은

때론 나를 시험하고,
때론 나를 다독인다.

그리고 증상 놀이 속에서
나는 불안과 싸우며,
조금씩 나를 알아 가고 있다.

실제로 나를 괴롭혔던 햇빛 알레르기도,
다른 부위의 통증도 지금은 말끔히 사라졌지만,
그 시간을 지나며 나는 알게 되었다.
마음이 보내는 신호에도
조금 더 귀 기울여야 한다는 걸.

누군가의 따뜻한 한마디보다
스스로의 다정한 이해가
더 오래 나를 살게 할지도 몰라.

- 마음 빼기

오늘도 침대와 한 몸

귀차니즘이 식욕을 이기는 순간이 있다.

분명히 배가 고팠고,
아까까지만 해도 머릿속엔
떡볶이, 치킨, 라면, 아이스크림이
정말 생생하게 그려졌는데
막상 몸을 일으키려 하면
"그걸 하려면 움직여야 하잖아…"
그 한마디가 모든 계획을 무너뜨린다.

나는 그런 타입이다.
맛있는 음식들이 생각나도
별로 먹고 싶다는 생각이 안 들고,
조금이라도 더 누워 있고 싶은 마음이
늘 식욕을 이겨 버린다.

'배달을 시켜 볼까?' 싶다가도
앱을 켜서 메뉴 고르고, 결제하고,
현관 앞까지 나가야 한다는 생각에

그냥 배고픔과 타협하며
이불 속으로 다시 파묻혀 버리곤 한다.

이불 안에서
'배는 고픈데 움직이기 싫다…
근데 먹는 것도 귀찮아…'
그런 혼잣말이 오가는 시간.

반면, 어떤 사람은
'배고픔은 절대 못 참는다!'며
식욕이 귀차니즘을 꺾는다.
비가 오든, 눈이 오든,
냉장고 문을 여는 그 기세는 정말 대단하다.

그리고 정말 드물지만,
두 가지를 모두 이겨 내는 사람도 있다.
'지금 배고프지만 먹는 건 나중에!'
'눕고 싶지만 일단 운동부터!'
이런 사람은 정말 의지가 철철 넘친다.

– 마음 빼기

솔직히 존경스럽다.

사람마다 에너지를 쓰는 방향이 다르고,
귀차니즘이 이길 때도,
식욕이 이길 때도 있다.

때론 이런 게 무기력처럼 느껴질 수도 있지만,
그것도 내 마음의
자연스러운 흐름일지도 모른다.
그저 나를 몰아세우기보단,
"아, 지금은 그냥 귀찮은 날이구나."
하고 인정해 주는 것도 필요하다.

살다 보면 귀찮음이 미루는 게 아니라
지금 나에게 필요한 '쉼'일 수도 있으니까.

귀차니즘과 식욕 사이에서 고민하는 우리 모두가
작은 전투를 치르고 있는 셈이다.

어느 쪽이 이기든,
그걸 알아차리고 스스로를 이해하는 것이
가장 중요한 승리다.

- 마음 빼기

3교시

✕ 마음 곱하기

함께일 때 자라나는 마음의 기적

우정 공식

우정 = (진심 + 믿음 + 웃음) × 시간

내가 생각하는 우정은
예쁘게 포장한 말보다
서툰 진심이 더 잘 전해지고,
긴 설명 없이도
내 표정 하나에 마음을 알아차리는 사람.

서로 없으면 심심해서 하루도 못 견디는 사이.
"나 없으면 너 뭐 할 거야?"
"글쎄, 아마 심심해서 울지도…"
"너 없으면 세상 재미없어."
별로 웃을 일이 없어도
같이 있으면 괜히 웃음이 난다.

같이 장난치고 놀리다가도
힘들 땐 누구보다 먼저 달려와 주는
그런 사람이 바로 진짜 친구다.

시간이 흐를수록
친구의 별난 습관들이 하나씩 눈에 들어온다.
웃으면서 "아, 왜 저래~" 하다가도
결국엔 '그래, 그게 너니까.'
하는 마음이 쌓여 간다.

가끔은 티격태격 싸우기도 하고,
배꼽 빠지게 웃기도 하면서
그 모든 순간이 쌓여
우정은 점점 더 깊어진다.

그리고 아무리 오랜 시간이 흘러도
다시 만나면
그 시간들이 어제처럼 느껴지는 사이.

찐 우정이란,
솔직한 나로 있어도 괜찮다고
말없이 안아 주는 마음.

진심과 믿음 위에

하루하루 웃음이 더해지고,

그 시간들이 곱해져

끝내, 서로를 품는 따뜻한 힘이 되는 것.

두 빛깔의 만남

나는 혼자 있는 시간을 좋아한다.
조용히 나만의 생각에 잠기고
내 마음을 돌볼 수 있는 그 시간이 필요하다.

혼자서 느끼는 평화로운 고요함은
내 안의 작은 숨결들을 들여다보게 한다.
때로는 외로움이 찾아와도
그마저 내게 익숙한 친구 같다.

하지만,
오랜만에 만난 친구들과 함께하는 시간은
또 다른 특별함을 선물한다.

맛있는 음식을 나누며 웃고 떠들 때,
서로의 이야기에 귀 기울이고
옛 추억을 되새기며
마음을 나누는 그 순간들은
혼자선 결코 느낄 수 없는
따뜻함과 생기를 준다.

함께 있을 때면 대화가 물결치고,
웃음이 공간을 채워
내 마음 깊은 곳에 숨어 있던 행복과 설렘이
서로에게로 흘러간다.

마치 오래된 퍼즐 조각들이 맞춰지듯
서로의 마음이 어우러져
더 깊고 풍성한 온기가 만들어진다.

그 속에서 나는
혼자 있을 때보다 조금 더 가벼워지고,
숨겨 뒀던 내 모습도 조금씩 드러내게 된다.
서로의 눈빛과 말 속에서
어쩌면 나도 몰랐던 나를 발견하기도 한다.

사소한 일로 다투기도 하지만,
언제 그랬냐는 듯 다시 웃으며 가까워진다.

그렇게 알게 되었다.

혼자만의 시간이 나를 채우고
함께하는 시간이 나를 더 빛나게 한다는 것을.

혼자일 때는 내 안의 목소리에 귀 기울이고,
함께일 때는 마음이 교차하는
그 따스함을 느낀다.

그 두 가지 모두 내 삶에 필요한,
서로 다른 빛깔의 소중한 순간들이다.

어쩌면 이 두 순간이
내 마음에 온전히 머물러 있을 때,
나는 나 자신에게
한 발짝 더 다가서는지도 모른다.

우리라는 말

'우리'라는 말엔
보이지 않는 선 하나가 그어져 있다.
혼자였던 나와,
너와 같이 있는 나 사이에 생기는 경계.

누군가는 습관처럼 쉽게 말하지만,
누군가에겐
그 한마디가 오래도록 마음에 남는다.

특히 이름 앞에 '우리'를 붙여 말해 줄 땐,
마음이 스르르 녹아내린다.

정겨운 애정이 소리 없이 번져 오는 그 말 속엔,
같이 웃고 울었던 날들,
말하지 않아도 전해졌던 온기들이
고스란히 스며들어 있다.

가끔 다투고 돌아서도
결국엔 그 자리로 돌아가게 되는 말.

어쩌면 '우리'라는 말은,
누군가를 향한 마음의 조각을
가장 따뜻하게 꺼내 보이는 방식일지도 모른다.

함께한 시간들이 농축된 듯한 '우리'.
그 안에는 말보다 진한 마음이 담겨 있다.

그래서 나는,
그 한마디가 참 좋았다.
혼자가 아니라고 느끼게 해 주는 말.
내가 누군가의 '우리'가 될 수 있었던 순간.

때로는 '우리'라는 말 하나가
긴 하루의 끝에서 조용히 마음을 안아 주는
작은 기적이 되기도 한다.

드디어 모인 드래곤볼

다섯 개의 드래곤볼처럼,
우리가 모두 모이는 건 정말 쉽지 않은 일이다.
각자의 자리에서 바쁘게 살아가다 보면
한 명 빠지고, 또 한 명 못 오고…
완전체가 되는 날은
몇 번의 계절을 건너야만 찾아온다.

하지만 오늘,
그 기적 같은 순간이 찾아왔다.
드디어 다섯 개의 빛이 모이고,
그제야 우리의 하루가 시작되었다.

일을 마치고 친구들을 만났다.
무더운 날씨 속,
상큼하고 달콤한 젤라또로 입을 식히고
미리 알아 둔 장소로 자리를 옮겼다.

우리가 향한 곳은
음식과 노래, 술까지 함께 즐길 수 있는 공간.

술을 마시지 못하는 나는
사이다로 분위기를 함께했고,
맛있는 음식을 나누며 이야기꽃을 피우고,
차례로 마이크를 잡았다.

노래를 부른 건 정말 오랜만이었다.
발라드든 신나는 곡이든,
각자 좋아하는 노래를 선곡해 부르기 시작했다.
친구들의 노래를 듣는 것도 참 좋았다.

노래를 잘하든 못하든 그건 중요하지 않다.
성격이 다 다르듯, 음색도 저마다 달라서
서로 다른 목소리를 듣는 재미가 쏠쏠했다.

한 친구는 늘 노래를 부르지 않는다.
왜 그런지는 알 수 없지만,
그 친구의 목소리 역시
우리와는 또 다른
특별한 매력을 가지고 있지 않을까,

그런 생각이 문득 들었다.

배부르게 먹고, 노래도 실컷 부르다 보니
어느새 시간이 훌쩍 흘러 있었다.
이대로 헤어지긴 아쉬워
옷 구경이라도 하자며 함께 길을 나섰다.

길을 건너는데,
한 친구가 "저기 걸레 있다"라고 말하자마자
내 발에 뭔가 볼록한 게 밟혔다.
나는 '걸레'를 '벌레'로 잘못 알아듣고,
순간 놀라서 이상한 고주파 소리를 질러 버렸다.

그 소리에 친구는 한바탕 웃었고,
다행히 그것은 진짜 '걸레'였다.
근데 걸레가 왜 길 한복판에 있었을까?

그 일로 꽤나 놀라긴 했지만,
친구가 크게 웃는 모습을 보니

"그래, 나로 인해 네가 즐거웠다면 그걸로 됐지"
하는 마음에 괜히 뿌듯했다.

사실, 아까 화장실에서도
갑자기 차가운 무언가가 허릿살에 닿아
또 한 번 이상한 소리를 내며 깜짝 놀랐었다.
알고 보니, 올라간 내 윗옷을 본 친구가
살포시 내려 주려던 참이었다.
내 과한 반응에, 친구도 적잖이 놀란 눈치였다.
나는 정말 잘 놀라는 편인 것 같다.

그렇게 도착한 곳은 옷 가게가 아니라 게임방!
1층에는 인형뽑기 기계들이 줄지어 있었고,
지하로 내려가자
다양한 체험형 게임들이 기다리고 있었다.

내 눈길을 사로잡은 건
오토바이와 자동차 레이싱 게임이었다.
실제처럼 생긴 모형에 앉아

대형 화면을 보며 주행하는 방식인데,
움직임이 너무 리얼해서 몰입도가 엄청났다.

처음 해 보는 게임이었지만
오토바이 경주에선 5등, 자동차에선 무려 1등!
자동차보단 오토바이가 더 재밌었다.
친구들도 저마다 신나게 게임을 즐기며
오늘 하루를 웃음으로 마무리했다.

밤늦게까지 실컷 놀아서
집에 오자마자 기절하듯 잠들었지만,
정말이지, 오랜만에 진심으로 즐거운 하루였다.

마침내 모인 다섯 개의 마음.
조금씩 다른 색을 가진 우리가 함께여서,
오늘 하루는 마치 소원을 이룬 것처럼 반짝였다.

우리의 모습을
사진으로 남기지 못한 건 조금 아쉬웠지만,

함께여서 빛났던 오늘을 이렇게 글로 남겼으니,
이 순간은 분명 오래도록 추억으로 남을 것이다.

완전체로 완성된 이 시간,
그 자체로 충분했다.

열두 시 전의 안녕

어느 날, 그 사람이 말했다.
"오늘 수고했어! 푹 자. 얼른 자."
"12시 넘기지 말고 자도록!"

평소에 늦게 자는 내가
밤 11시도 안 된 이 시간에
잠을 잘 리가 없었다.
나를 12시 안에 재우려는 그의 말에

"엥, 아직 안 잘 건데…!
12시 되려면 아직 멀었어요!"

투정 섞인 나의 말투에
그는 시간을 세어 가며 정겹게 답해 주었다.
"한 시간 이십 분밖에 안 남았어, 인석아."
그땐 '인석아'가 뭐지? 사람 이름은 아닐 테고
사투리인가? 하는 생각에
검색까지 해 봤었던 기억이 있다.

아직 안 잘 거지만 미리 해야겠다는 생각에
"그럼 일단 미리 안녕히 주무세요~"
하고 인사했다.

그는 "미리"라는 말에 웃으며
"한 시간도 안 남았다^^"
웃음 이모티콘까지 써 가며 하는 말에
빨리 잠들지 않으면 안 될 것 같은
느낌이 들었다.

그래도 최대한 늦게 자고 싶어서
"그럼 11시 59분에 잘래요!"라고 했더니
"눕는 게 아니고 잠드는 거여야 해!" 하며
나의 꼼수를 바로 알아차렸다.

그 후, 조용해진 나에게
"잠들었니?" 하고 확인하는 톡이 도착했다.
그때 아직까지 잠들지 않은 나는
뭐라 하지? 하는 생각에

당황한 듯한 수달 이모티콘으로 답을 대신했다.

그랬더니 그는 웃으며
"그럴 줄 알았다!
아직 눕지도 않았지?" 하고 물었다.

그의 말에 누워는 있다고
지금 바닥과 한 몸이라고 말했더니
얼른 자라고 한다.

12시 전에 잠들기 실패해서
다음부터 12시 안에 잠들어 보도록 하겠다는
나의 말에 "오야 얼른 자자" 하며
마지막까지 나를 재우셨다.

3년 전에 나눴던 톡인데도
이렇게 선명하게 남아 있는 건,
나의 잠자리까지 다정하게 챙겨 주는
그의 애정이 듬뿍 느껴졌던 하루여서

잊혀질 수가 없나 보다.

그날을 떠올리면
지금도 좋은 꿈을 꿀 수 있을 것만 같다.

새벽의 에피소드

춤 레슨을 이어 가던 어느 날,
평소와 같이 수업 날짜를 묻는 톡이 왔다.

그 당시 시간이 여유로웠던 나는
아무 때나 괜찮다고 했는데
'아무 때나'라고 답한 게 화근이었다.

"3시에 합시다."
15시가 아니라, 자정 12시 넘어가는 AM 3시라고
장난스럽게 웃으며 말씀하시던 선생님.

오전 3시? 새벽 3시요??
한두 시도 아니고 새벽 3시라니…
순간 당황했지만,
곧장 "좋아요! 그렇게 해요."라고 답했다.

"괜찮겠어? 난 할 수 있어~"
선생님의 자신 있는 말에
"그럼 해요! 꼭 하고 싶어요."라며 덧붙였다.

아마 내가 못 하겠다고 할 줄 아셨나 보다.
그래서 더 오기가 생겼다.
농담처럼 던진 말을 진담으로 바꿔 버렸다.
그렇게 우리는 새벽 3시 레슨을 하게 되었다.

약속 시간까지
잠들지 않으려고 뜬눈으로 시간을 버티며,
야간 버스를 타고 홍대로 향했다.

남은 시간은 카페에서 보냈다.
그때 울린 진동,
"오고 있니? 어디야?"
슬쩍 내 위치를 확인하는 걸 보니,
내가 잠들었길 바랐던 것 같았다.
"카페요."라고 답하자
뭔가 기대가 무너진 듯한 기류가
문장 사이로 스며들었다.

결국 우리는

진짜로 새벽 3시에 레슨을 했다.
그리고 해가 뜨기 전, 집으로 돌아갔다.

세월이 흘러
그날의 이야기를 선생님과 다시 나눴을 때,
우리 둘 다 선명하게 기억하고 있었다.

그때 내가 잠들었더라면,
"잠들었니? 좋은 꿈 꾸고 푹 자, 혜신아.
난 괜찮아. 내일 일어나서도 걱정 말고,
다음에 즐겁게 수업하자ㅎㅎ"
라고 말했을 거라고 하셨는데
그날 깨어 있길 잘한 것 같다.

웃으며 이야기를 나누다
"다음에 또 새벽에 레슨할 의향 있으신가요^^?"
능청스럽게 웃으며 묻는 내 질문에
"혜신이가 하자면 해야지, 뭐"

그 말을 놓치지 않고
"진짜요? 나중에 딴소리 없기예요~"
라고 하니, 선생님이 웃으며
"응, 약속~"이라고 하셨다.

그렇게 우리는
다음에도 새벽 3시에 하기로 약속했지만,
솔직히 두 번은… 좀 힘들 것 같다.
어떤 정신으로 어떻게 수업이 흘러갔는지는
기억이 흐릿하지만, 아마도 꽤 몽롱했을 거다.

피곤함이 얼굴에 가득했고,
집에 가는 길은 조금 무서웠지만
그 새벽은, 정말 좋았다.

새벽 연습도 아니고
누가 새벽 3시에 레슨을 하겠어.
하지만 '우리'니까, 가능했던 일.

그저 '새벽 3시에 수업을 했다'는
그 사실만으로도
우리 마음속에 오래도록 남을,
잊지 못할 특별한 해프닝이었다.

번져 가는 너

처음엔 작은 점이었다.
어디에도 닿지 않을 만큼 조용한 감정 하나.

그저 스쳐 지나가겠지 싶었던 마음은
시간이 지날수록 조금씩 번져 가기 시작했다.
마치 번지는 물감처럼,
너는 내 마음 가장자리부터 서서히 물들였다.

눈을 마주치던 순간, 손끝이 스친 어느 날,
그 사소한 장면들이 하나둘 겹쳐지면서
감정은 점에서 선이 되고,
선은 어느새 마음 전체를 덮는
빛바랜 풍경이 되었다.

처음엔 몰랐다.
이게 사랑인지, 그리움인지.
하지만 한 가지는 분명했다.
너를 떠올릴 때마다 내 마음 어딘가에
너의 색이 조금씩 번지고 있었다는 것.

그건 마치
햇살이 천천히 방 안을 채우듯,
아무 말도 없이 따뜻하게
내 안으로 스며들었다.

너를 만나기 전엔
알지 못했던 감정들이 있었다.
누군가의 말투 하나에 웃음이 나고,
그 하루의 기분이
내 하루의 온도를 바꾸기도 한다는 걸.

나는 여전히 내 모습인데,
어딘가 모르게 달라진 것만 같다.
나도 모르게 네가 좋다고 말하게 되고,
네가 웃으면 따라 웃게 되고,
그렇게 어느 날엔
너의 마음을 닮고 싶다는 생각까지 들었다.

누군가는 뜨겁게 타올라 사랑을 말하지만,

나는 이렇게
서서히 물들어 가는 감정을 좋아한다.
어디가 시작이었는지조차 흐릿해지는,
그러나 분명히 '너'로 인해 생겨난 마음.

나는 지금,
천천히 너로 물들고 있다.
말하지 않아도, 숨기지 않아도,
자연스럽게 번져 가는 중이다.

그리고 문득 깨닫는다.
나는 이제 돌이킬 수 없을 만큼
너의 색으로 물들어 있다는 것을.

기억 속의 재회

이런저런 이유로
시골에 내려가지 못한 지 벌써 10년.
그 긴 시간을 깨운 건,
친할머니의 부고 소식이었다.

장례식장엔 오랜만에 보는 친척들이 북적였다.
할머니의 자녀 일곱, 손주는 열 명이 넘었고
어릴 적 잠시 스쳤던 얼굴들 사이에서
나는 익숙한 듯 낯선 미소를 지었다.

"많이 컸네, 예쁘게 자랐네."
하루에도 몇 번이고 반복되는 말에
하핳, 그저 어색하게 웃을 수밖에 없었다.

낯선 어른들 틈에서
바쁜 엄마를 찾는 대신, 평소엔 잘 찾지 않던
친오빠를 괜히 찾아 헤매기도 했다.

세월은 참 빠르게 흘렀다.

까만 머리였던 큰아빠와 작은아빠의 머리는
하얗게 바뀌었고,
늘어난 주름과 탈모까지
세월의 흔적이 선명했다.
초등학생이던 동생들은 어느새 대학생이 되어
겉모습도 몰라보게 성장하고 성숙해져 있었다.

사촌 오빠들 역시 예전과 달리
체형이 서로 뒤바뀌어 있었고,
아빠는 아빠 친구들에 비해 유독 몸집이 작은데,
오늘따라 유난히 더 작아 보이는 모습까지도
그 변화를 보며 흘러간 세월이 한눈에 느껴졌다.

야속하리만큼 빠르게 지나가 버린 시간.
마치 타임머신을 타고
10년 후의 세계에 와 있는 듯한 느낌이 들어,
시간이 더는 흐르지 않게 꼭 붙잡고 싶었다.

할머니는 어느덧 97세.

그 긴 세월을 살고
흐린 날, 조용히 떠나셨다.

할머니의 성함은 낯설면서도 익숙했다.
그리고 그제야,
고모가 셋이었다는 사실도 처음 알게 되었다.

산속에 할머니의 산소를 만들어드리고
좋은 곳에 가시라며 명복을 빌었다.

그 후, 모두 함께 추어탕을 먹으러 갔다.
나는 그날 처음 추어탕을 먹었는데,
생각보다 훨씬 맛있었다.

그리고…
난생 처음으로 오빠들과 사진을 찍었다.
누구도 찍을 생각이 없었지만
"오랜만에 봤는데 또 언제 볼지 모르잖아.
같이 시간도 보내고, 사진도 찍어 봐."

큰엄마가 말씀하셔서 결국 그렇게 되었다.

우리 남매, 그리고 사촌 오빠 둘.
넷이 함께 나란히 서서 브이 포즈를 하며
처음이자 마지막이 될지 모르는 사진을 찍었다.
어쩔 수 없이 찍게 되었지만,
그런 우리를 앞에서 흐뭇하게 바라보는 엄마와
포즈를 요구하던 큰엄마의 모습에
절로 웃음이 났다.

그렇게 처음 찍은 사진 속에는
미소 짓고 있는 오빠들과
해맑게 웃고 있는 내가 있었다.
큰엄마 덕분에 오빠들과의 추억이 하나 생겼다.

집에 돌아가기 전, 남은 시간 동안
오빠들과 함께 카페에 들러 음료를 마시며
서로의 근황을 나눴다.
나와 사촌 오빠들은 나이 차도 크고,

오랜만에 만난 터라 어색함이 있었지만
짧은 시간이 주는 따뜻함 속에서
조금은 가까워진 듯한 기분이 들었다.

그리고 버스 시간에 맞춰
고속버스 터미널까지 차로 데려다줘서 고마웠다.
덕분에 편하게,
따뜻한 마음으로 돌아올 수 있었다.

예전엔 언니가 더 좋다고 생각했었는데
요즘은 오빠가 좋은 이유를 알 것 같다.
어릴 적 시골에 가면
잘 놀아 주고, 용돈도 챙겨 주던 오빠들.
그 기억이 어느새 나의 좋은 추억으로 남아
지금도 마음을 물들이고 있었나 보다.

친오빠랑은 어릴 때 매일 싸웠지만
지금은 무심한 듯 은근히 챙겨 준다.
그래서 문득 든 생각.

아, 오빠는 오빠구나.

잠을 설쳐 몸은 피곤했지만,
할머니 덕분에 오랜만에 만난 고모들과 이모가
두 팔 벌려 반겨 주시고,
"우리 공주~!" 하며
넘치는 사랑을 건네주셔서 참 따뜻했다.

팜트리 세상

팜트리 아일랜드 소속 뮤지컬 배우들이 공연하는
갈라 콘서트를 보러 갔다.
집을 나서기 전에 티켓을 잃어버려서
온 방 안은 다 헤집으며 엉망으로 만들었는데
다행히 소중한 티켓을 찾아 공연장으로 향했다.

공연 시간이 다 되어 가자,
관람을 안내하는 배우들의 목소리가
공연장 안에 울려 퍼졌다.
그리고 정원영 배우님을 시작으로
8명의 배우님들이 알라딘 '아라비안 나이트'로
웅장하게 문을 열었다.

우리는 그 세계로 빠져들었다.

솔로 또는 유닛으로 다채로운 무대가 이어졌고,
중간중간에 있는 토크도 재밌었다.
멋진 모습뿐만 아니라
내려놓는 망가짐까지 있어서

사람 냄새 나고 재미도 있었다.

제일 인상적이었던 장면은 위키드 'Popular'에서
깜깜한 어둠 속 조명이 켜지자
양 갈래 머리를 한 소녀가
다소곳하게 앉아 있었다.

시아준수가 샤엘피가 돼서 나타난 거였다.
깜찍한 귀여움에 소장 욕구가 들어서
나도 모르게 폰을 들어
카메라에 샤엘피를 담았다.

첫콘은 서경수 배우님, 중콘은 진태화 배우님,
막콘은 김준수 배우님이 엘피였다고 하는데
막콘 오길 정말 잘했다는 생각이 든다.

시카고 'All That Jazz'에서는
정선아 배우님을 중심으로 남자 배우님들 셋이서
가지각색으로 골반 댄스를 선보이셨는데

그렇게 신명 나게 움직이는 골반은 처음이라
웃기면서도 신기했다.

애절한 감정이 묻어나는 곡들과
배우들이 객석을 돌며 불렀던
신나는 곡들이 어우러져
3시간 반이 정말 순식간에 지나갔다.

더 라스트 키스 '사랑이야',
'내일로 가는 계단'을
준수 목소리로 들을 수 있어서 좋았고,
뮤지컬 넘버 하나하나가 다 너무 좋았다.

준수밖에 몰랐던 내가
갈라 콘서트를 통해 다른 배우들을 알게 되고
또 그들의 매력에 빠지게 됐다.

그리고 새로 알게 된 곡들도 있었고,
내가 알고 있던 곡은

다시 추억을 되새기게 되어
단순한 즐거움을 넘어서
더 의미 있는 시간이었다.

공연이 끝나고 친구한테 연락이 왔다.
가깝다며 만날래? 해서 그러자 했다.
전화를 붙들고 "너 어디야?"
"나 여긴데" "나도 여긴데"
한 건물을 사이에 두고 건너편에서
서로를 찾아 헤매다가 만나게 되었다.
그래서 더 반가웠던 걸까
나를 보러 와 준 친구가 고맙기도 했다.

긴 공연 시간으로 허기진 배를 채우고
이런저런 얘기도 하며 함께 시간을 보냈다.
마음속 어딘가의 공허함이
어느새 좋은 감정들로 가득 차올랐다.
그런 마음을 안고 우린 각자 집으로 돌아갔다.

그날의 향기

한때 그는 백화점 안에 있는
러쉬 매장에서 일하고 있었다.
그한테 미리 연락을 하고,
같이 춤을 배웠던 친구와 함께 찾아갔다.

매장에 도착하기도 전에,
진한 향기가 먼저 우리를 반겼다.
코끝을 간질이는 다양한 향기들에
기분이 조금씩 들떴고,
매장 안은 형형색색의 용품들로 가득 차
걸음을 뗄 때마다 조심스러워졌다.

그는 유니폼을 입고 있었다.
익숙한 사람이 낯선 옷을 입고
익숙하지 않은 공간에서
전문가처럼 서 있는 모습이
조금은 낯설고, 조금은 멋져 보였다.

우리가 부딪히지 않게 길을 안내해 주었고,

상품도 하나하나 설명해 주었다.
향의 이름, 느낌, 사용 방법까지
친절하게 알려 주며 시향도 도와주었다.

원래는 지인을 직접 응대하지 않는다던데
그날은 우리가 처음이라
특별히 맡아 주신 모양이었다.

그때는 코로나 시기라
'눈으로만 보세요'라는 안내문도 붙어 있었다.
하지만 호기심이 고개를 들었다.
살짝 눈치를 보며 몰래 만져 봤는데
그의 레이더망에 걸리고 말았다.

"만지지 말랬지!"
정확히 그가 이렇게 말했는진 기억나지 않지만,
그 순간 나를 바라보던 그의 눈빛은
장난스러움과 타박 사이,
딱 그 사이 어딘가였다.

잠시 손을 씻고 돌아와
계속해서 향기 나는 여행을 이어 갔다.

마침 내 생일이 지난 지 얼마 안 됐었고
그는 그걸 기억하고 선물을 준비해 두었다.
그가 건넨 선물은 내가 몰래 만져 봤던
말랑하고 물컹한 느낌의 샤워 젤리였다.

매장을 나온 후 화장실로 달려가
친구와 함께 샤워 젤리의 촉감을 즐겼다.
부드럽고 탱글탱글한 촉감,
손끝에 남는 향기,
마치 촉감 놀이 하는 기분이었다.

그날 매장 안에 오래 머물다 보니
진했던 향기에도 코가 점점 무뎌졌고,
그 향 속에 스며들듯 자연스럽게 적응됐다.

그 이후로 나는

러쉬 제품을 자주 애용하게 되었다.
가격은 쉽게 손이 가는 편은 아니었지만,
향만큼은 참을 수 없을 만큼 좋았다.

가끔은 그날을 떠올리며
코끝에 은은한 향을 얹곤 한다.
향기 속에는 그날의 따뜻했던 기억이
조용히 숨어 있다.

삶의 리듬

우리는 하루하루
문장을 이어 쓰듯 살아간다.

어떤 날은 쉼 없이 달리고,
어떤 날은 잠시 멈춰 선다.
마치 문장 중간에 찍힌
작은 쉼표처럼 말이다.

쉼표는 멈춤이 아니다.
그저, 숨을 고르는 일.
앞으로 나아가기 위해 필요한
잠깐의 정리.

혼자만의 시간이 꼭 필요했던 날,
아무 말 없이 가만히 창밖을 바라보던 순간,
누군가와 나란히 걷기만 했던 그 저녁…
그 모든 순간이
내 인생에 필요한 쉼표였다.

그리고 마침표.
모든 것이 끝났다고 말해 주는,
하지만 끝이라기보단
하나의 단락이 끝났음을 알려 주는 기호.

어떤 관계를 놓아야 했을 때,
한 가지 꿈을 접어야 했을 때,
그 아쉬움 속에도 마침표는 꼭 필요했다.
그래야 다음 문장을 시작할 수 있었으니까.

삶은 때때로 쉼표를 찍지 않고
달리기만 하라고 재촉하지만,
쉼표를 찍지 않은 문장은
결국 숨이 가쁘고 의미가 흐려진다.

그리고 마침표 없는 이야기는
끝없이 이어지다
방향을 잃기도 한다.

쉼표는 멈춤이 아니라 숨 고르기고,
마침표는 끝이 아니라 다음을 위한 정리다.

그리고 어느 날,
도돌이표처럼 되돌아오는 마음이 있다.
잊었다고 생각했던 감정이 다시 고개를 들고,
끝났다고 믿었던 하루가 다시 반복된다.

같은 고민, 같은 다짐, 같은 후회…
하지만 그 반복 속에서
우리는 매번 조금씩 달라져 있다.
도돌이표는 되풀이가 아니라
조금 더 단단해진 나를
확인하는 과정이기도 하다.

삶은 쉼표와 마침표,
그리고 도돌이표로 이루어진
길고도 아름다운 악보다.
마치, 인생이라는 선율 위를 걷는 것만 같다.

멈추고, 끝내고,
되돌아오는 리듬 속에서
나는 오늘도
나만의 박자를 찾아가고 있다.

잠 못 이루는 밤

어느덧 새벽 3시,
나는 분명 누워 있는데 정신은 깨어 있다.
마음아 무슨 일이야?
오늘 하루가 너를 잠들지 못하게 하는
특별한 일이 있었구나.

내 이름을 부르는 그의 목소리,
그리고 우리는 카페 안으로 들어갔다.
주문을 마치고 자리에 앉자마자
"책 봐 봐" 하며 그가 책부터 찾았다.

내 책을 기다리고 있던 그에게
가방 속에서 책을 꺼내 보이는 순간…
설렘으로 가득했고, 한편으론 뿌듯했다.

선물 받은 책을 살며시 펼치고,
미소 지으며 찬찬히 살펴보는 그 모습이
내 눈에, 그리고 내 마음에 각인되었나 봐.

그 모습을 멍하니 바라보다가,
정신을 차려 보니
그가 내 글을 읽고 있다는 사실에
부끄러움이 밀려와
지금 보지 말라며 글을 가렸다.

책 이쁘다며 축하해 주시고
책 선물 보답으로 커피를 사 주신 것도,
내가 커피를 다 마실 때까지 기다려 주신 것도,

다음엔 우리 동네로
와 주시면 안 되냐는 내 바람에
살짝 웃으며 너무 멀다고 하셨던 것도,
책 전해 줘서 고맙다는 인사까지도

각인된 한 장면 때문에
다른 장면들이 흐릿해질 뻔했지만
난 모든 순간이 너무 소중한걸.

무엇보다, 나의 첫 마음의 조각을
그에게 직접 전해 줄 수 있어서
정말 뜻깊은 하루였고,
그렇게 할 수 있다는 게 감사했다.

아무래도 그의 불면증이
나에게 옮겨 왔나 보다.

아무 생각 않으려 해도,
어제가 된 그날의 기억이
자꾸 나를 설레게 해.

이런 내 마음이 글로 표현되는 사이,
시간은 어느새 아침을 향해 가고 있었다.

이제 그만 자자.
마음이 조금이라도 잠들 수 있게
설렘도 함께 잠재워 본다.

4교시

÷
마음 나누기

너에게 닿은 내 마음 한 조각

평화 공식

평화 = (마음의 고요 + 이해) ÷ 욕심

평화는 마음속 깊은 고요에서 시작된다.
복잡한 생각과 감정이 잠시 머무르는 곳,
그곳에 작은 이해가 더해지면
비로소 진짜 평화가 찾아온다.

우리가 서로를 이해하려 애쓸 때,
다름을 받아들이고 존중할 때,
마음의 문은 조금씩 열린다.
그 문틈 사이로 따뜻한 바람이 스며들고,
서로의 상처를 감싸안는 온기가 번진다.

하지만 욕심이 커질수록
그 고요는 흔들리고, 평화는 멀어진다.
욕심은 마음의 균형을 무너뜨리고,
조용하던 바다에 파도를 일으킨다.

그래서 평화는 단순한 공식 같지만

끊임없이 노력해야 하는 일이다.
때로는 마음을 비우고 내려놓는
용기가 필요하고,
상대를 향한 따뜻한 이해도 필요하다.

평화는 혼자만의 것이 아니다.
서로가 서로에게 마음의 쉼터가 되어 주고,
함께 만들어 가는 것이다.
작은 배려와 이해가 모이고 쌓여
세상을 부드럽게 감싸는 꽃이 된다.

그리하여 평화란,
우리 안에 숨 쉬는 고요한 힘이며,
어떤 어려움에도 흔들리지 않는
마음의 등불이다.

마음지수

하루의 끝에서 문득,
"오늘은 내 마음지수가 몇 점일까?"
스스로에게 조용히 물어본다.

마치 날씨처럼, 마음에도 지수가 있다면 어떨까.
기분 좋은 하루엔 행복지수가 높아지고,
덥고 습한 여름날엔 불쾌지수가 슬쩍 올라가고.

꼭 날씨 때문이 아니라도,
길거리에서 부딪힌 무례한 말투,
혼잡한 대중교통,
아무 이유 없이 지치는 날엔
불쾌지수가 올라간다.

또는,
너무 배불리 먹은 날에도
몸이 둔해지고 기분도 축축 처져
마음의 불쾌지수가 예상 외로 높게 찍힌다.

반면,
햇살 좋은 날 혼자 걷는 산책길,
따뜻한 말 한마디,
카페에서 마신 시원한 아이스커피 한 잔,
그런 것들엔 마음의 행복지수가 올라간다.

기분 좋은 일엔 +15점,
어이없는 소리에 –10점,
누군가의 배려에 +20점,
혼자만의 서운함엔 –30점…

숫자로 딱 떨어지지 않아도
내 마음은 하루에도 몇 번씩
출렁이고 오르내리며 그래프를 그린다.

누군가는 말하겠지.
"기분이야 원래 왔다 갔다 하는 거잖아."

하지만 나는 안다.

내가 내 마음을 들여다보는 건,
지수로 표현하든 아니든,
나를 소중히 여기는 방법이라는 걸.

마음지수가 낮은 날은
조금 더 내 마음을 보듬어 주기로 하고,
행복지수가 높은 날은
그 온기를 누군가와 나누기로 한다.

완벽한 날은 없지만
이렇게 하루를 돌아보는 그 순간만큼은,
내 마음을 가장 잘 돌보는 시간이다.

감정이 깃든 풍경

홍대에 있는 연남공원.
그곳은 내 마음이 머물던 작은 풍경이었다.

그와의 사이에
잦은 갈등이 피어오르던 시절이 있었다.
감정이 엉키고, 말이 멀어지고,
서로를 이해하기보다는
먼저 상처받고 서운해했던 날들.

그럴 때면 어쩌다 보니,
우린 늘 그 길을 걷고 있었다.
누가 먼저 가자고 한 적도 없고,
딱히 약속한 것도 아니었는데
마치 약속이나 한 듯, 그곳으로 향하곤 했다.

저녁 바람이 머물던 벤치 옆,
조용히 이어지던 산책로.
우린 나란히 걷기 시작했고,
말보다 긴 침묵 속에서 굳어 있던 마음이

살며시 풀려나기 시작했다.

한참을 침묵하다 조심스럽게 꺼낸 말들.
서운했던 마음, 닿지 못했던 오해,
그리고 여전히 널 아낀다는 고백들.

그런 일들이 반복되면서 마음은 점점 지쳐 갔고,
'우리의 관계가 이대로 끝나 버릴까 봐'
하는 두려움이 어느새 마음을 덮어 왔다.

하지만 누군가는 먼저 손을 내밀어 주었고,
흔들리면서도,
여러 번 그 손을 다시 붙잡아 주었기에
우리는 끝내, 서로를 놓지 않을 수 있었다.

서로를 놓지 않았다는 건,
결국 서로를 포기하지 않았다는 뜻이고,
그 안엔 관계를 지키고 싶은 마음이
담겨 있어서겠지.

그렇게 나눈 마음들이 조용히 겹겹이 쌓여
연남공원은 내게
아프고도 따뜻한 감정의 풍경이 되었다.

지금은 각자의 시간 속을 걷고 있지만,
그 길 위에서 오갔던 말들과 눈빛은
아직도 내 안 어딘가에 살아 있다.
그때의 공기, 그때의 침묵,
그리고 그 침묵 너머에 있던 진심까지.

누군가에겐 단순한 산책로겠지만
나에게는,
풀리지 않던 마음을 풀어내고
나눌 줄 몰랐던 마음을 나누던
아주 깊고, 사적인 기억이 머무는 공간이다.

위로 한 그릇

레슨이 있던 어느 날,
나는 속상한 마음을 품은 채
아무렇지 않은 척하려 애쓰고 있었다.

하지만 눈가에 맺힌 눈물은
마르기도 전에 마스크 안에서 조용히 번지고,
그 마음은 들키지 않으려 할수록 더 뻐근해졌다.

그가 그런 나를 보더니 조용히 말했다.
"밥 먹으러 가자."

우리는 말없이 걷다가
작은 국숫집에 도착했다.
그가 익숙한 듯 이모를 불러 국수를 주문했고,
우린 아무 말도 없이 마주 앉아 있었다.

잠시 후,
큰 대접에 담긴 국수가 나왔다.
김이 모락모락 피어오르며

조금은 텅 빈 마음을 감싸는 듯했다.

양이 너무 많아 보여
'이걸 다 먹을 수 있을까' 싶은 순간,
그가 살짝 웃으며 말했다.
"남기면 안 돼~"
장난스럽고 다정한 그 한마디에
나는 고개를 끄덕이며 젓가락을 들었다.

뜨끈한 국물,
후루룩 넘어가는 면발,
그리고 말없이 건네던 위로.

우린 그날,
아무 말 없이 국수만 열심히 먹었다.
그리고 어느새,
그 많던 양을 함께 다 비워 냈다.

그날의 국수 한 그릇은

그저 배를 채우기 위한 식사가 아니었다.
마음의 허기를 조용히 덮어 주던
따뜻한 위로 한 그릇이었다.

지금도 가끔,
속이 허전한 날이면
그날의 따뜻한 국수와
마주 앉아 있던 그 고요한 순간이 떠오른다.

말보다 마음이 먼저 전해졌던,
그날의 저녁처럼.

할 말이 있을 땐, 레몬 사탕이지

어디선가 들려오는 감미로운 노랫소리,
그 멜로디를 따라서 한 걸음 한 걸음
조심스레 다가가다 보면,
노래뿐만 아니라 그의 모습까지도
어느새 눈에 들어온다.

그의 말 한마디,
작은 행동 하나하나가
내 마음속 깊은 곳까지 스며들어
조용히 미소를 피워 낸다.

노래를 향한 그 열정이
나에게 고스란히 전해져
언젠가 많은 사람들의 마음도
움직일 거라는 확신이 들었다.

잘 보고 들었다는 의미로
내 마음을 표현할 무언가를 찾고 있었는데
주머니 속에 레몬 사탕 하나가 있었다.

버스킹이 끝나고
그는 정신없이 장비를 정리하고 있었다.
작은 숨결조차 조심스러워지는 그 순간,
나는 살며시 그의 곁에 다가가
옷깃을 살짝 건드렸다.

그제야 그는 고개를 들고
시선을 나에게로 돌렸다.
"저기… 이거 드세요"
용기를 내며
손에 쥐고 있던 레몬 사탕을 건넸다.

조금 놀란 듯한 그의 눈동자,
그러다 이내 번지는 따뜻한 미소.

그 순간,
내 마음도, 그의 마음도
어디선가 부드럽게 연결된 것 같았다.

말로는 다 표현할 수 없는
어떤 떨림과 응원의 진심이
레몬 사탕 속에 모두 담겨 있었다.

의식의 흐름

의식의 흐름은
마치 밤하늘을 떠도는 별빛 같다.
한순간 반짝이고는 또 다른 빛으로 스며든다.

그 흐름 속에서
과거의 기억과 미래에 대한 기대가
조용히 만나기도 하고,
어쩌면 지금 이 순간의 나를
가장 선명하게 비추기도 한다.

의식은 선형적이지 않다.
직선이 아닌, 바람에 흩날리는 꽃잎처럼
여러 방향으로 퍼져 나간다.

그 안에는
기쁨과 슬픔, 희망과 두려움이
복잡하게 뒤섞여 있다.

그 모든 감정과 생각을

있는 그대로 바라보는 순간,
나는 조금 더 자유로워진다.

흐르는 의식 속에서
나는 나를 놓아주고, 다시 잡아 주며
조용히 걸어간다.

끝없이 이어지는 그 흐름은
때론 혼란스럽지만,
그래서 더 살아 있음을 느끼게 한다.

열정 레슨 (작가 Ver.)

이건 첫 번째 레슨 - 안 써지는 것도 콘텐츠

아무리 머리를 굴려 봐도
글자가 한 줄도 안 나오는 날이 있다.
마치 펜 끝이 굳어 버린 것처럼,
마음이 종이 위에 닿지 않을 때.

하지만 이상하게도
그런 날의 기록이 더 오래 남는다.
"오늘은 정말 아무것도 안 써졌다."
그 한 줄이, 나를 가장 솔직하게
보여 주는 글이 되기도 한다.
글이 안 써진다는 사실조차
사실은 하나의 마음이고, 이야기다.

이제 두 번째 레슨 - 글감은 늘 곁에 있다

어떤 날은 특별한 이야기를 써야만 할 것 같아
일상 속 모든 장면이 심심하게 느껴진다.

하지만 이상하게도,
사람들의 마음을 움직이는 건
화려한 사건보다 조용한 순간일 때가 많다.

책상 위에 놓인 머그잔,
우연히 들린 카페의 음악,
오늘 아침 창문 너머로 스친 햇살.

무심히 지나친 것들이
누군가에게는 위로가 된다.
글감은 언제나 가까이에 있다.
눈길 닿는 곳에, 마음 머무는 곳에.

드디어 세 번째 레슨 - 네가 먼저 울기

좋은 글이란
누군가의 마음에 닿는 글이다.
하지만 그전에
내 마음부터 움직여야 한다.

내가 쓴 문장에 내가 웃고,
내가 쓴 장면에 내가 울고,
내가 쓴 문단에 내가 잠시 멈출 수 있어야 한다.

가장 먼저 설레는 독자가 나일 때,
그 글은 누군가에게도 특별해진다.

손편지

나의 감정 전달 수단, 손편지.
좋아하는 사람에게, 고마운 사람에게 건네는
진심 가득한 마음의 조각.

예쁜 편지지를 조심스레 펼치고
펜을 드는 순간부터,
설렘이 손끝을 타고 흐른다.
무슨 말을 먼저 꺼내야 할까,
어떻게 쓰면 내 마음이 잘 전해질까
하나하나 생각하며 적어 내려간다.

한 자 한 자 써 내려가는 그 시간은
내가 그 사람을 얼마나 아끼고 있는지를
다시 한 번 느끼게 하는 순간이다.

요즘은 손편지를 주고받는 일이 드물어졌지만,
그래서 더 특별하다.
화면 속 빠른 메시지가 아닌
천천히 꾹꾹 눌러쓴 한 줄이

더 깊고 오래 기억된다.

내가 손편지를 받아 본 건 언제였더라.
아마도 아주 오래전, 어렸을 때의 일이어서
기억이 또렷하지는 않다.

하지만 희미한 그 순간에도
손에 닿던 종이의 감촉,
직접 써 내려간 서툰 글씨체,
그 안에 고스란히 담겨 있던 마음은
선명하게 남아 있다.

문자로는 다 담을 수 없는 말들이 있다.
말로 하자니 쑥스럽고,
그저 마음으로만 전하기엔 아쉬운 마음.
그럴 때 나는 손편지를 꺼낸다.

편지는
내 마음이 누군가에게 닿을 수 있는

아름다운 방식이다.

그리고 그 마음은 오랜 시간이 지나도
종이 위에 고스란히 남아,
다시 꺼내 읽을 수 있는 위로가 된다.

말 한마디의 온도

"좋아해", "사랑해", "미안해", "고마워"
이 네 마디의 말은
어쩌면 우리가 살아가며
가장 많이 느끼는 감정일지도 모른다.

하지만 이상하게도,
이 말을 꺼내는 건 생각보다 어렵다.
마음속에선 하루에도 몇 번씩 피어나는 말인데
입 밖으로 꺼내는 순간,
무게가 생기고 용기가 필요해진다.

누군가에게 "좋아해"라고 말하면,
그 감정이 더 또렷해진다.
"사랑해"라고 말하면,
더 깊이 연결되고 싶어진다.
"미안해"는 자존심을 내려놓고
상대를 바라보는 말이고,
"고마워"는 내가 받은 것을
온전히 인정하고 나누는 말이다.

나는 소중한 사람에게
'좋아해', '사랑해'라고 표현한다.
말이 아닌 글이더라도
진실된 마음은 언제나 전해진다.

말 한마디는 짧지만
그 안에는 마음이 담긴다.
표정도, 눈빛도, 따뜻한 공기까지
그 순간의 분위기를 함께 나눈다.

그러니 용기 내서 말하자.
너무 늦기 전에,
너무 멀어지기 전에.

지금 떠오르는 얼굴이 있다면
짧은 말이라도 건네 보자.

"좋아해."
"사랑해."

"미안해."
"고마워."

그 말 한마디로
누군가의 마음이
환하게 밝아질지도 모르니까.

고백은 마음의 증명

고백은 마음의 문을 조심스레 여는 일이다.
들킬까 두려워 꽁꽁 숨겨 두었던 마음을
마침내 누군가에게 건네는 순간.

사랑이든, 미안함이든, 고마움이든
고백은 늘 용기를 필요로 한다.
그 마음이 어떤 대답을 받게 될지 몰라도
진심은 머뭇거림 끝에 입술을 빌려 흘러나온다.

"좋아해."
"사실은, 그때 내가 많이 미안했어."
"늘 고마웠어, 말은 못 했지만."

고백은 단순한 말 한마디가 아니라
감정이 겹겹이 쌓여 만들어 낸
하나의 '결정' 같은 것이다.
말로 꺼내기까지 수없이 마음속에서
되뇌고, 삼키고, 망설인 흔적이 담겨 있다.

어쩌면 고백은 받아들여지기 위한 말이 아니라,
더는 혼자 품고 있기 어려운 마음이
흘러나오는 자연스러운 감정의 끝일지도 모른다.

그래서 그 고백이 어떤 결말로 이어지든
그 순간만큼은 가장 솔직한 마음이자,
가장 용기 있는 순간이 된다.

어떤 고백은 관계를 시작하게 하고,
어떤 고백은 그 관계를 정리하게도 한다.
하지만 분명한 건,
고백은 마음을 움직이게 만든다는 것.

그리고, 진심은 결국
누군가의 마음 어딘가에 닿는다는 것.

나는 고백을 여러 번 해 보았다.
좋아한다고 말로도, 글로도,
진심을 담아 표현했었지만

나에게 되돌아오는 건 고마움뿐이었다.
거절이 아닌 받아들임,
하지만 마음은 닿지 못한 채 멈춰 있었다.

그럼에도 불구하고
밀어내지 않고 들어주었다는 사실에
나 역시 고마웠다.
마음을 전하는 그 자체로
스스로 만족하려 애썼다.

서로 바라보는 방향이 다르다는 걸 알고 있지만
마음이란 게 쉽게 멈춰지지 않는다.
그래서 나는 오늘도 같은 자리에 머물며
천천히, 조금씩 내 마음을 전하고 있다.

거창하지 않아도, 받아들여지지 않아도.
그저, 진심이니까.

하늘에 띄운 꿈

누군가의 꿈은
하늘 높이 날아가는 풍선 같아.
가볍고 자유로워서
바람 따라 어디로든 흘러가지만,
그래서 더 자주 멀어지고
붙잡으려 하면 터질까 조심스러운,
그런 여린 마음을 품고 있지.

또 누군가의 꿈은
밤하늘로 천천히 떠오르는 풍등 같아.
작은 불빛 하나 켜기 위해
속마음을 조용히 태워야 하고,
무게를 견디며 올라가야만
비로소 하늘에 닿을 수 있는
그런 간절한 소망이 되기도 하지.

나는 때때로 풍선 같은 꿈을 꾸었다.
웃으며 띄웠지만
생각보다 멀리 날아가 버린 적도 있고,

잃어버린 줄 알았던 꿈이
예상치 못한 순간에 돌아온 적도 있었다.

그리고 또 어떤 날은 풍등 같은 꿈을 품었다.
쉽게 띄울 수 없어 한참을 망설이다가
마음을 태워서 겨우 올려 보내기도 했다.
그 불빛은 작았지만
참 오래도록 내 안을 비췄다.

풍선은 기다려 주지 않는다.
놓치는 순간, 멀리 가 버리니까.
하지만 풍등은 기다린다.
내가 마음을 다할 때까지,
불씨가 흔들리지 않도록 붙잡을 때까지.

어떤 꿈은 빠르게 지나가고
어떤 꿈은 느리게 자라나며
또 어떤 꿈은 실패처럼 보이기도 하지만,
실은 다시 꺼낼 날을 기다리는 중이기도 해.

사람들은 자꾸
이룰 수 있는 꿈만 꿈이라고 말하지만
이루지 못한 꿈에도
충분히 따뜻한 온도가 깃들어 있다.
그건 내 마음이
얼마나 진심이었는지를 증명하는 거니까.

꿈은 결국
우리의 마음이 만든 바람과 온기로
하늘을 향해 오르는 것.
풍선처럼 웃으며 날려 보내거나
풍등처럼 간절히 품고 띄우거나.

누군가가 내 곁에서
조용히 같이 풍선을 날려 주거나,
바람막이가 되어 풍등을 지켜 줄 때…
그 순간만으로도
꿈은 이미 절반은 이뤄진 것일지도 몰라.

그래서 나는 오늘도
하나의 꿈을 조심스럽게 꺼내 본다.
살며시 손을 내밀고, 하늘을 올려다본다.

이룰 수 있을까보다는,
지금 이 꿈이 내 안에 있다는 사실이
이미 소중하다고 말해 주고 싶다.

마음의 조각 나눔

드디어, 나의 첫 책
『마음 한 조각』이 세상에 나왔다.
자비 출판이라 비용 부담이 적지 않았지만,
내 마음을 모아 만든
첫 결과물이라는 사실만으로도,
이 책은 나에게 오랫동안 기억될 선물이었다.

처음엔 내 필명인
'서온'으로 출간할까 고민했지만,
이 책은 그저 예쁜 말들을 엮은 게 아니라,
내 마음에서 흘러나온 진심들로 채운 글이기에
더 솔직하게, 실명으로 담아내기로 했다.

'내가 글을? 내가 책을 낸다고?'
글을 써 가면서도,
책을 낸다는 사실이 좀처럼 실감이 나지 않았다.
그러다 작가 증정용 책이 배송되고
화면으로만 보던 시안이
손에 잡히는 실물 책이 되어 도착했을 때,

그제야 조금 실감이 났다.

내가 쓴 글이 한 권의 책이 되어
손에 닿고, 넘겨지고, 읽힌다는 건
생각보다 훨씬 더 특별한 감정이었다.

예쁜 표지 너머로 책장을 차르르 넘기다 보니,
그 사이사이 눈에 들어오는 건
내가 썼던 글들과 그때의 마음들이었다.
책을 펼쳐 그 글들을 다시 마주하는 게,
왠지 모르게 부끄럽고 어색했다.
그래서 내 마음을 들여다볼 용기가
쉽게 나지 않았던 것 같다.

이건 내가 쓴 책이 아니라,
그저 누군가의 이야기를 담은 책이라 생각하며
한 편, 한 편 다시 읽어 보는데…
어느새 마음이 그 시절로 스며들었다.
처음 그 문장을 적던 밤의 온도,

조심스럽게 고른 단어의 숨결,
그리고 그때의 나.

어쩌면 서툴렀고, 지나치게 솔직했으며
조금은 유치하기도 했던 글들.
하지만 그 안엔 분명히
진심으로 살아가려 했던 내가 있었다.

시간이 지나 다시 만난 나의 마음들은
여전히 투박하지만
그 안에 담긴 애씀과 따뜻함은 그대로였다.

내 책을 기다리던 엄마에게
가장 먼저 보여드렸다.
'네 이름이 쓰여 있는 걸 보니 실감이 난다'며
웃으며 좋아하시는 모습을 보니
서온이 아닌 '혜신'으로
책을 내길 정말 잘했다는 생각과 함께
뿌듯함이 밀려왔다.

그리고 엄마는 이 책을 읽기도 전에
하루에게 제일 먼저 보여 주셨다.
사진 속 하루를 향해
"하루야, 언니가 쓴 책이야. 봐 봐~" 하시는데,
그 모습을 보고 있자니 마음이 뭉클했다.

이 기쁜 순간을 하루도 분명 함께했을 거야.
고양이별에 있는 하루가, 작가가 된 나를 보며
'우리 집사, 멋지다. 자랑스러워.' 하고
말해 주겠지.

책 속에 하루의 온기가 고스란히 느껴져서
마치 하루를 내 품에 가득 안은 기분이었다.
그때의 하루를 다시 만나게 되어
또 한 번 마음이 아려 오지만,
그 아픔마저도
나에겐 너무나 소중했던 시간이다.

하루에 대한 그리움으로

처음 글을 쓰기 시작했던 날이
엊그제처럼 생생한데,
이제는 그리움뿐 아니라
다양한 감정들을 글로 담아낼 수 있게 되었다.

시간은 그렇게 흘렀고,
나도 천천히, 한 걸음씩
어엿한 작가가 되어 가고 있다.

친구들, 고마운 분들에게도
마음 한 조각씩 나누어 드렸는데
다행히도, 내 마음의 조각을 받은 모든 이들이
따뜻하게 웃으며 좋아해 주었다.

나의 진심이 닿을 수 있다는 것,
그걸 누군가가 기꺼이 받아 준다는 건
글을 쓰는 사람이 경험할 수 있는
가장 큰 기쁨이라는 걸,
이미 알고 있었지만 다시 한 번 느끼게 되었다.

내가 쓴 글이 누군가의 마음에 머물고,
그 마음을 따뜻하게 해 줄 수 있다는 사실이
이 책을 만든 모든 과정을
다 의미 있게 만들어 주었다.

아마 오늘의 이 기억은
오랫동안 내 마음속에
예쁘게 머물러 있을 것 같다.

그리고 언젠가 또,
이런 마음의 조각을 전할 날이 오길 바라며
나는 오늘도 글을 써 내려간다.

보너스 챕터

= 마음의 답을 찾아서

정답은 없지만, 나만의 해답은 있어

마음의 공식

마음에도 공식을 만들 수 있다면
너와 내가 만나면 즐거움이 생기고
슬픔을 나누면 반으로 줄어들고
기쁨을 나누면 두 배가 된다.

오해를 곱하면 마음의 거리도 곱이 되고
이해를 더하면 가까워진다.

신뢰를 더하면 관계는 단단해지고
믿음을 곱하면 마음은 깊어진다.
하지만 미움이 섞이면
그 공식은 쉽게 어긋난다.

그래서 때로는
무언가를 더하기보단 빼내야 할 때도 있다.
내가 방심한 틈에 불쑥 찾아오는 나쁜 생각과
끝도 없이 밀려오는 걱정과 불안들,
누군가에 의해 생긴 상처까지도.

그런 무거운 마음을 덜어 내면
조금은 가벼워지고
다시 시작할 공간이 생긴다.

그 자리에 작은 용기를 더하고
다정한 말 한마디를 곱하면
마음은 다시 따뜻한 방향으로
흘러가기 시작한다.

사랑이라는 끈을 더하고
안정이라는 뿌리를 내리면
행복이라는 온기가
마음을 포근히 감싸안는다.

그렇게 마음은
조금씩, 그러나 분명하게
자라난다.

마음 산수 시험지

마음을 펼쳐 놓고 빈 시험지를 앞에 두었다.
조용한 시간 속에,
내 안에서 오가는 수많은 감정들로
가득한 문제들.

Q1. 좋아하는 사람에게 마음을 전했는데,
　　그 마음이 더해지지 않았다면,
　　그건 덧셈일까, **뺄셈**일까?
　　아니면 아직 답을 기다리는
　　미완성 공식일까?

Q2. 외로움과 외로움이 만날 때,
　　그 마음은 어떤 빛을 낼까?

Q3. '우리'라는 말은
　　어떤 마음의 공식으로 그려질까?
　　서로 다른 두 마음이
　　어떻게 하나가 되는 식일까?

Q4. 시간이 흐를수록 사랑이라는 숫자는
   커지는 걸까, 작아지는 걸까?
   시간이 답을 알려 줄까,
   아니면 우리가 만들어 가야 할까?

Q5. 마음의 답을 찾으려면
   계산기 대신 무엇을 꺼내야 할까?

그 답은 내 안에,
그리고 너와 나 사이에
살며시 숨겨져 있다.

지우고 싶은 수식

내가 지우고 싶은 건,
서로에게 남긴 말의 상처 +
그날 마음 깊이 남은 속상함 −
결국 전하지 못한 진심 ×
뒤늦게 밀려든 후회 ÷ 시간

그 무거운 마음을 짊어진 채
한 걸음, 또 한 걸음 뒤돌아섰던 순간들.

내 안에 쌓인 후회와 미안함이
끝없이 반복되는 나눗셈처럼
조금씩 나를 작게 만들었다.

아무리 되돌려도
그때의 장면은 같은 계산으로 돌아오고,
마음 한쪽이 늘 공백으로 남았다.

하지만 그럼에도
나를 다시 일으키는 건,

너에게 닿을 수 있는 용기라는 덧셈.

그 용기에
진심을 더하고, 기다림을 나누면,
아직 풀리지 않은 마음의 수식도
언젠가는 다시 쓰여질 수 있을까.

지우고 싶었던 마음 위에
다시, 너라는 이름을 조심스레 적어 본다.

마음 계산기

마음은 계산되지 않는다.
하지만 우리는 매일같이 계산한다.

누가 더 좋아하는지,
누가 먼저 연락했는지,
얼마나 더 자주 떠올리는지.

한 걸음 다가간 것 같다가도
한 마디 덜 건넨 걸로 멀어졌다고 느끼고
작은 반응 하나에도 의미를 덧셈하고, 뺄셈한다.

때로는 숫자가 아닌
눈빛과 숨결로 계산하려 애쓰고
때로는 마음을 수치로 잴 수 없다는 걸
알면서도 계속 계산한다.

계산이 어긋나면 서운함이 되고,
계산이 지나치면 불안이 된다.
마음은 그렇게 자주 틀리고

쉽게 흔들린다.

그러다 결국,
계산을 멈추는 순간
비로소 마음은 고요히 흐르기 시작한다.

비교도, 증명도 없는 그 자리에서
있는 그대로의 마음이 고개를 들고
서로를 바라본다.

그렇게 마음은
서로에게 닿아 스며들고,
함께 자라난다.

마음의 변수

마음속에는 수많은 변수들이 있다.

기쁨이 클 때는 슬픔이 작아지고,
외로움은 때때로 기대와 섞여
복잡한 함수처럼 움직인다.

분노라는 변수는 곱해질 때 더 커지고,
용서라는 변수는 덧셈처럼 차곡차곡 쌓인다.

그리움은 시간이라는 변수와 만나
어떤 날에는 폭발하기도 하고,
어떤 날에는 조용히 잦아든다.

우리의 감정은
예측할 수 없는 그래프처럼
요동치고 흔들리지만,

그 모든 변수가
내 안에, 그리고 너의 안에

조용히 자리 잡고 있다.

그래서 마음산수는
계산기로 풀 수 없는
아름답고도 신비한 공식이다.

관계의 방정식

관계는 복잡한 방정식 같다.

친구란 신뢰 × 시간 – 오해
가족은 사랑 + 이해 – 기대
연인은 마음 × 마음 + 용기 – 두려움

때론 오해가 더해져 답이 꼬이기도 하고,
시간이 지나면서 신뢰가 커져
다시 풀리기도 한다.

어떤 관계는 풀 수 없는 문제처럼 보이지만,
끈기와 진심이라는 변수들이 있어
서로를 향한 답을 찾아간다.

가끔은 답이 없는 문제 같아도
함께 고민하는 과정이
가장 값진 공식이 된다.

서로 다른 숫자와 기호가 모여

하나의 방정식을 이루듯,
우리의 관계도 그렇게 만들어진다.

완벽한 답보다
서로의 마음을 헤아리는 과정에 더 가깝다.

다시 풀어 보는 마음 공식

내 마음에 늘 있던 공식은
언제나 단순하지 않았다.

좋음에서 나쁨을 빼고
사랑에 믿음을 곱한다는 것만으로
모든 답이 나오지 않았다.

시간이 흐를수록
숫자는 흐트러지고 답은 멀어졌다.

그래서 나는 다시,
천천히 마음의 공식을 풀어 본다.

상처를 시간으로 나누고
미움을 용서로 뺀다.
기다림을 더하며 희망을 만들어 간다.

완벽한 답은 없지만
계산하는 순간마다 조금씩 나아진다.

틀려도 괜찮다.
그 틈에서 새로운 공식이 피어난다.

마음은 계산기로 재지 못할 만큼
깊고 여린 것이기에,
나는 오늘도 다시 풀어 본다.

그 과정 속에서, 나와 너 사이에
조금 더 가까워지는 길을 찾는다.

숨은 연산 찾기

사소한 말 한마디에
괜히 마음이 붕 떴다면
그건 너의 말 + 나의 기대

조용히 내민 손을 잡았을 때
말은 없었지만
그건 위로 × 진심

멀어질 줄 알았는데
더 가까워졌다면
그건 오해 – 용기 + 용서

눈빛이 닿는 순간
아무 말 없이 웃었다면
그건 기억 ÷ 시간

우린 말보다 많은 연산을
마음으로 하고 있었다.

그리고 마음은,

눈에 보이지 않는 수식으로 이어져 있다.

종례

계산이 틀려도
괜찮다고 말해 주고 싶어요.

더하지 못해도, 빼지 못해도,
곱하지 못하고 나누지 못해도,
우리는 여전히 마음을 주고받는 중이니까.

마음산수엔 정답이 없고,
단지 각자의 방식으로 도달하는 과정이 있을 뿐.

그래서 오늘도
우리는 누군가에게 마음을 더하고,
어떤 슬픔을 덜어 내고,
따뜻함을 나누고,
사랑을 곱하며 살아갑니다.

이 마음의 산수는 끝이 아니라,
너와 나를 이어 가는 또 다른 시작이에요.

마음산수

ⓒ 혜신, 2025

초판 1쇄 발행 2025년 9월 7일

지은이	혜신
펴낸이	이기봉
편집	좋은땅 편집팀
펴낸곳	도서출판 좋은땅
주소	서울특별시 마포구 양화로12길 26 지월드빌딩 (서교동 395-7)
전화	02)374-8616~7
팩스	02)374-8614
이메일	gworldbook@naver.com
홈페이지	www.g-world.co.kr

ISBN 979-11-388-4689-9 (03810)

- 가격은 뒤표지에 있습니다.
- 이 책은 저작권법에 의하여 보호를 받는 저작물이므로 무단 전재와 복제를 금합니다.
- 파본은 구입하신 서점에서 교환해 드립니다.